MY FIRST
HEBREW BOOK

HEBREW-ENGLISH BOOK
FOR BILINGUAL CHILDREN

www.RaisingBilingualChildren.com

עברי

ד

דְלִי

Bucket • [dli]

ה

היפופוטם

Hippo • [hipopotam]

ו

ורד

Rose • [vered]

י

יד

Hand • [yad]

כ

כדור

Ball • [kadur]

ל

לב

Heart • [lev]

ע

עין

Eye • [ayin]

פ

פרפר

Butterfly • [parpar]

צ

צפרדע

Frog • [tzfardeah]

שׁ

שׁועל

Fox • [shual]

ת

תפוח

Apple • [tapuach]

אלפבית

א
אַרְיֵה
Lion • [arye]

ב
בית
House • [ba-it]

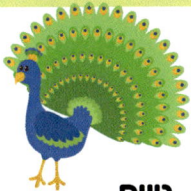

ג
גלידה
Ice cream • [glida]

ז
זחל
Caterpillar • [zachal]

ח
חתול
Cat • [chatul]

ט
טווס
Peacock • [tavas]

מ
מטריה
Umbrella • [mitriya]

נ
נעליים
Shoes • [na-alayim]

ס
ספר
Book • [sefer]

ק
קוף
Monkey • [kof]

ר
רכבת
Train • [rakevet]

חיות בר

ג׳ירפה
Giraffe • [jiraffa]

פיל
Elephant • [pil]

זברה
Zebra • [zebra]

יען
Ostrich • [yaen]

צבי
Deer • [tzvi]

דוב
Bear • [dov]

אריה
Lion • [arye]

שועל
Fox • [shual]

חיות בית

חתול
Cat • [chatol]

תרנגול
Rooster • [tarnegol]

ארנב
Rabbit • [arnav]

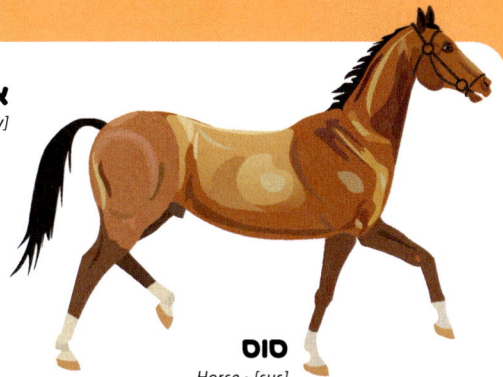

סוס
Horse • [sus]

עכבר
Mouse • [achbar]

עז
Goat • [ez]

פרה
Cow • [para]

ברווז
Duck • [barvaz]

כלב
Dog • [kelev]

אווז
Goose • [avaz]

תרנגול הודו
Turkey • [tarnegol Hodu]

כבשה
Sheep • [kivsa]

חזיר
Pig • [chazir]

צורות
[TZUROT]

עיגול

Circle • [igol]

ריבוע

Square • [riboah]

משולש

Triangle • [mesholash]

מלבן

Rectangle • [malben]

מעוין

Rhombus • [meoyan]

אליפסה

Oval • [elipsa]

Shapes

לב

Heart • [lev]

כוכב

Star • [kochav]

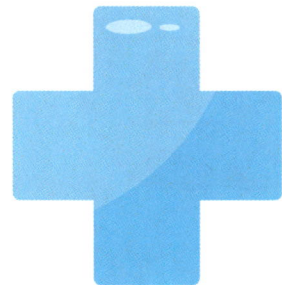

צלב

Cross • [tzlav]

חץ

Arrow • [chetz]

מחומש

Pentagon • [mechomash]

טרפז

Trapezoid • [trapez]

פירות
FRUITS • [PEROT]

תפוח
Apple • [tapuach]

בננה
Banana • [banana]

אננס
Pineapple • [ananas]

אפרסק
Apricot • [afarsek]

שזיף
Plum • [shazif]

אגס
Pear • [agas]

תפוז
Orange • [tapuz]

לימון
Lemon • [limon]

פירות יער
BERRIES • [PEROT YA'AR]

תות
Strawberry • [tut]

אבטיח
Watermelon • [avatiach]

ענבים
Grape • [anavim]

דובדבן
Cherry • [duvdevan]

אוכמניות
Blueberry • [uchmaniyot]

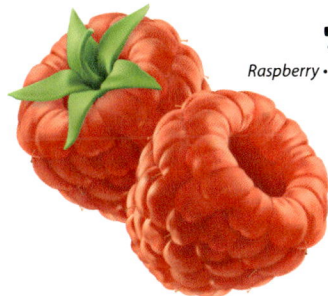

פטל
Raspberry • [petel]

קיווי
Kiwi • [kiwi]

רימון
Pomegranate • [rimon]

ירקות

[YERAKOT]

סלרי

Celery • [celery]

כרוב

Cabbage • [kruv]

גזר

Carrot • [gezer]

בצל

Onion • [batzal]

תירס

Corn • [tiras]

צנון

Radish • [tznon]

אפונה

Pea • [afuna]

Vegetables

ברוקולי
Broccoli • [brocoli]

שום
Garlic • [shum]

אספרגוס
Asparagus • [esparagus]

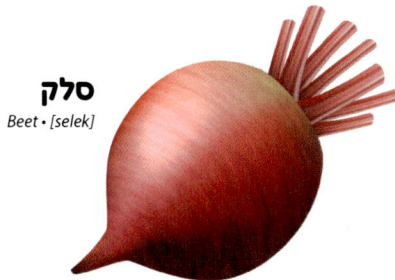

סלק
Beet • [selek]

ארטישוק
Artichoke • [artishock]

תפוח אדמה
Potato • [tapuach adama]

תרד
Spinach • [tered]

בצל ירוק
Scallion • [batzal yarok]

מספרים
[MISPARIM]

אחת
One • [achat]

1

שתיים
Two • [shtaeem]

2

שלוש
Three • [shalosh]

3

ארבע
Four • [arba]

4

חמש
Five • [chamesh]

5

שש
Six • [shesh]

6

Numbers

7

שבע
Seven • [sheva]

8

שמונה
Eight • [shmone]

9

תשע
Nine • [tesha]

10

עשר
Ten • [eser]

13

צבעים

[TZVAEEM]

אדום

פרת משה רבנו
Ladybug • [parat moshe rabenu]

עגבנייה
Tomato • [agvania]

ורד
Rose • [vered]

סרטן
Crab • [sartan]

צהוב

דבורה
Bee • [dvora]

גבינה
Cheese • [gvina]

חמנייה
Sunflower • [chamaniya]

חיטה
Wheat • [chita]

Colors

ירוק

עלה
Leaf • [aleh]

צפרדע
Frog • [tzfardeah]

מלפפון
Cucumber • [melafefon]

אבוקדו
Avocado • [avokado]

כחול

לוויתן
Whale • [livyatan]

פרפר
Butterfly • [parpar]

ג'ינס
Jeans • [jeans]

דג
Fish • [dag]

עונות
[ONOT]

חורף
Winter • [choref]

אביב
Spring • [aviv]

Seasons

קיץ
Summer • [kaiytz]

סתיו
Autumn • [stav]

הבית שלי
[HABAIT SHELI]

מטבח

סיר

Stock pot • [sir]

קומקום

Teapot • [kumkum]

כף

Spoon • [kaf]

מזלג

Fork • [mazleg]

צלחת

Plate • [tzalachat]

כוס

Cup • [kos]

חדר הילדים

מגדל טבעות

Stacking rings • [migdal tabaot]

בובה

Doll • [buba]

קוביות

Blocks • [kubiyot]

עריסה

Crib • [arisa]

My House

מקלחת

אמבטיה
Bathtub • [ambatiya]

מברשת שיניים
Toothbrush • [mivreshet shinayim]

מגבת
Towel • [magevet]

כיור
Sink • [kiyor]

סלון

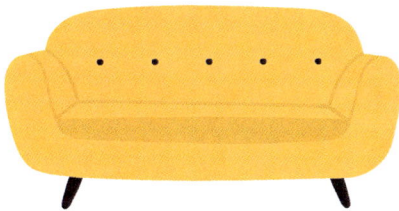

ספה
Couch • [sapa]

כורסה
Armchair • [kursa]

מנורה
Lamp • [menora]

טלוויזיה
TV • [televiziya]

מקצועות

[MIKTZO'OT]

כבאי

Firefighter • [kabai]

איש עסקים

Businessman • [ish asakim]

רופא

Doctor • [rofe]

טבח

Cook • [tabach]

מורה

Teacher • [more]

מתכנת

Programmer • [metachnet]

Profession

שוטר
Policeman • [shoter]

אסטרונאוט
Astronaut • [astronaut]

צייר
Painter • [tzayar]

מוזיקאי
Musician • [muzika'i]

שחקן כדורגל
Soccer player • [sachkan kadooregel]

חוואי
Farmer • [chavai]

תעבורה
[TA'ABURA]

Transportation

מטוס

Airplane • [matos]

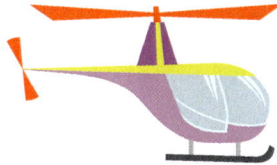

הליקופטר

Helicopter • [helicopter]

כדור פורח

Hot air balloon • [kadoor pore'ach]

רמזור

Traffic light • [ramzor]

מכונית

Car • [mechonit]

משאית

Truck • [masait]

אופניים

Bike • [ofanayim]

אופנוע

Motorcycle • [ofno'ah]

כבאית

Fire truck • [kabait]

אוטובוס

Bus • [otobus]

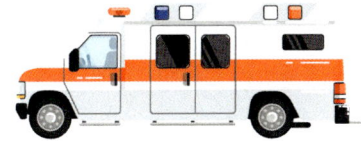

אמבולנס

Ambulance • [ambulans]

רכבת

Train • [rakevet]

קולות של חיות

[KOLOT SHEL CHAYOT]

כלב

נובח:

וואף

חתול

מיילל:

מיאו

תרנגול

קורא:

קוק-א-דודל-דו

צפרדע

מקרקרת:

ריביט

ברווז

מגעגע:

קוואק

אווז

צופר:

הונק

Animal Sounds

פרה
גועה:
מו

סוס
צוהל:
נהיי

חזיר
מחרחר:
אוינק-אוינק

עז
פועה:
בה

חמור
נוהק:
הי-האו

דבורה
מזמזמת:
באז

הפכים
[HAFACHIM]

גדול
Big • [gadol]

קטן
Small • [katan]

נקי
Clean • [naki]

מלוכלך
Dirty • [melochlach]

חם
Hot • [cham]

קר
Cold • [kar]

יום
Day • [yom]

לילה
Night • [layla]

Opposites

גבוה
Tall • [gvoah]

נמוך
Small • [namoch]

פתוח
Opened • [patuach]

סגור
Closed • [sagur]

ארוך
Long • [aroch]

קצר
Short • [katzar]

מלא
Full • [male]

ריק
Empty • [reik]

Thank you very much

It would be amazing if you wrote
an honest review on Amazon!
It means so much to us!

Questions?
Email us <u>hello@RaisingBilingualChildren.com</u>

Anna Young

➤ www.**RaisingBilingualChildren**.com

Edition 1.0 - Updated on August 29, 2021

Made in the USA
Middletown, DE
25 March 2023